Pettersson und Findus™

Tiere entdecken in Wald und Wiese

EDEL KIDS BOOKS

Der alte Pettersson und der kleine Kater Findus leben in einem Wildtierland. Und nicht nur die beiden – auch bei uns streifen Wildkatzen, Luchse und sogar einige Bären durch die Wälder, Störche staksen über Stoppelfelder, Fledermäuse flattern durch warme Sommerluft, Waldkäuzchen stoßen ihren unverwechselbaren Ruf in der Nacht aus und sogar die Wölfe kehren zurück in unsere Natur. Aber heimische Tiere entdecken, bestimmen und schützen, das ist gar nicht so einfach, meint Findus. Mach dich mit ihm und Pettersson auf eine spannende Reise durch die Natur!

Der Schutz von wildlebenden Tieren und Pflanzen und die Bewahrung ihrer Lebensräume sind unglaublich wichtig. In diesem Buch findest du Informationen und Tipps, was du tun kannst, um Tieren und Natur zu helfen und sie für uns und unsere Nachkommen zu schützen.

INHALT

Das grüne Wiesenhaus

Kater Findus liebt es, auf Wiesen herumzutoben, auf Grashalmen zu pfeifen, an Kräutern und Blumen zu riechen und dem Gesumme und Gebrumme zu lauschen, das hier normalerweise herrscht: Wiesen bieten vielen Tieren und Pflanzen eine Heimat. Was auf einer Wiese wächst und lebt, hängt davon ab, wie feucht oder trocken, sonnig oder schattig, warm oder kalt sie liegt. Und es ist wichtig, wie der Boden der Wiese ist und ob es viele Nährstoffe und Wasser darin gibt.

Wusstest du, dass eine Wiese in verschiedene Stockwerke aufgeteilt ist? In jeder Etage finden sich andere Pflanzen und Tiere.

Wurzel- und Bodenschicht

In der Wurzelschicht leben Regenwürmer, aber auch ganz kleine Tierchen wie Milben und Bakterien. Sie zersetzen abgestorbene Pflanzenteile und machen daraus fruchtbaren Boden. Zwischen den Wurzeln bauen und graben Maulwürfe und Mäuse, Kaninchen und Eidechsen.

Ein kleiner Erdhügel auf der Wiese zeigt dir: Hier hat ein **Maulwurf** gebuddelt! Der Erdhügel lässt Luft in seine unterirdischen Gänge, in denen er nach Regenwürmern sucht.

Schwebfliegen »stehen« in der Luft – so sieht es zumindest aus. Dafür schlagen sie allerdings bis zu 300 Mal pro Sekunde mit den Flügeln! Sie sehen für ihre Feinde gefährlich aus, können aber weder beißen noch stechen.

Blütenschicht

Sonnig, windig und im Sommer heiß: Hierher kommen die fliegenden Insekten. Manche von ihnen, wie Bienen und Schmetterlinge, suchen nach Nektar in den Blüten, andere, wie Libellen und Hornissen, jagen kleinere Insekten.

Krautschicht

Auf schaukelnden Gräsern, Blättern und Halmen sind Marienkäfer und Heuschrecken zu Hause, aber auch Spinnen, die ihre Netze dazwischen bauen. Hier ist es hell und warm.

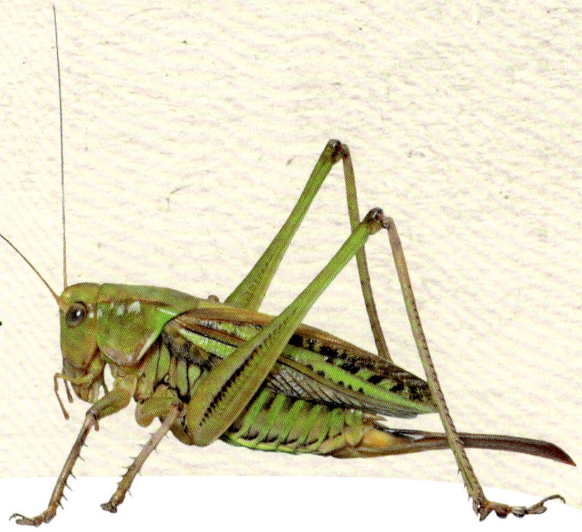

Heuschrecken geben die schönsten Wiesenkonzerte! Dafür streichen manche der Insekten mit den Hinterschenkeln über die Flügel, andere reiben die Flügel aneinander.

In feuchten Wiesen lebt die **Ringelnatter**. Sie kann bis zu 120 Zentimeter lang werden. Oft wird sie mit der giftigen Kreuzotter verwechselt. So oder so solltest du sie in Ruhe lassen – fühlt sie sich bedroht, zischt sie und bäumt sich auf.

Streuschicht

Die Tiere in der Streuschicht leben ganz nah am Boden zwischen Pflanzenresten, Blättern und Ästchen. Es gibt wenig Licht und die Luft ist feucht. Käfer, Ameisen, kleine Spinnen und andere Insekten fühlen sich hier wohl.

Der Maulwurf steht unter Naturschutz: Er lockert die Erde auf. Mach also keine Maulwurfshügel kaputt! Wenn du im Garten tobst, werden die Hügel bald wieder verschwinden: Die Erschütterung des Bodens mag der kleine Buddler nicht und sucht sich ein neues Revier.

Wiese ist nicht gleich Wiese

Was ist der Unterschied zwischen einer Weide und einer Wiese? Und warum wachsen auf manchen Wiesen keine Gräser, auf anderen aber Blumen? Und was hat Salz damit zu tun? Findus schwirrt der kleine Katzenkopf von den vielen Unterschieden. Zum Glück ist es auf der Wiese hinter Petterssons Haus immer schön grün und gemütlich.

Wiesen entstehen nicht von allein, sondern bleiben dadurch Wiesen, dass sie gemäht werden – sonst würden sie nämlich zuwuchern und irgendwann zu Wald werden. Wiesen, auf denen Tiere und nicht der Rasenmäher das Gras fressen, sind Weiden.

Salzwiese

Salzwiesen bilden den Übergang zwischen Meer und Land. Sie entstehen durch Anschwemmung von Sand und Schotter. Daraus entsteht Schlick. Als Erstes siedelt sich darin eine Pflanze an, die Queller heißt. Nach und nach kommen immer mehr Pflanzen, Insekten und Tiere dazu. 1650 Arten von Krabbeltieren und 50 Vogelarten kommen in Salzwiesen vor.

Seeschwalbe

Durch Beweidung gehen viele Salzwiesen kaputt. Deswegen werden sie im Wattenmeer besonders geschützt. Auch du solltest Salzwiesen nicht eigenständig betreten.

Edelweiß

Bergwiese

Kurze Sommer und lange kalte Winter, frostige Nächte und karge Felsen: Die Tiere und Pflanzen auf Bergwiesen haben sich den Bedingungen angepasst.

Auf Bergwiesen gibt es seltene Blumen wie Edelweiß, Silberdistel, Enzian, Alpenrose, Eisenhut und Silberwurz. Viele von ihnen stehen unter Naturschutz. Deshalb: In den Bergen niemals Blumen pflücken, sondern sie lieber anschauen und sich freuen.

Tagpfauenauge

Blumenwiese

Eine Blumenwiese ist bunt, braucht wenig Wasser und bietet Platz für ganz viele Tiere: Bienen finden Pollen und Nektar, Schmetterlinge tanzen von Blüte zu Blüte und Vögel suchen nach Nahrung. Auch Fledermäuse kommen gern zu Blumenwiesen.

Streuobstwiese

Wiesen mit verstreut stehenden Obstbäumen sind ein Paradies für Pflanzen und Tiere: Unter den Bäumen locken faulende Früchte Schmetterlinge, Fliegen, Wespen, Käfer und Vögel an. Die Blüten der Bäume sind Nahrung für Bienen, Hummeln und Schmetterlinge. Aber es gibt auch viele Höhlen auf Streuobstwiesen. Hier findest du den Steinkauz, Fledermäuse und den Siebenschläfer.

Steinkauz

Kleine und große Wiesentiere

Sieben Monate im Jahr schlafen – das wäre was für Pettersson. Wäre da nicht ein kleiner Kater, der den alten Mann immer wach und auf Trab hält und mit ihm Abenteuer erleben möchte ... Das kann dem Siebenschläfer nicht passieren. Und während der es sich in seiner Baumhöhle gemütlich macht, arbeiten um ihn herum viele andere Tiere.

Der **Siebenschläfer** gehört zu den Bilchen, die auch »Schlafmäuse« genannt werden. Der Name passt, denn der Siebenschläfer hält von Mitte September bis zum Mai Winterschlaf in einer Baumhöhle. Vorher frisst er sich mit Eicheln und Bucheckern ganz viel Fett an, schafft zur Sicherheit aber auch noch Vorräte in sein Winternest.

Droht eine Gefahr, kann der Siebenschläfer übrigens seinen Schwanz abwerfen – ob Findus das auch manchmal versucht?

Hast du schon mal ein Rehkitz auf einer Wiese entdeckt? Warum lässt die Mutter es dort allein? Dank seinem gefleckten Fell ist das Kitz perfekt getarnt. Ein weiterer Schutz ist der fehlende Eigengeruch, den die Rehmama kurz nach der Geburt ableckt. Deshalb darfst du ein Rehkitz niemals berühren! Es könnte deinen Geruch annehmen und so von der Mutter verstoßen werden.

Es ist superschnell, wieselflink, nicht viel größer als eine Maus – und damit das kleinste Raubtier der Welt. Das **Mauswiesel** ist eine Marderart. Es fängt am liebsten Wühlmäuse, die kann es nämlich in ihren unterirdischen Gängen gut verfolgen. Die Länge und die Farbe des Fells wechseln beim Mauswiesel mit den Jahreszeiten.

Mauswiesel werden leider oft überfahren und sind seltener geworden. Deshalb helfen ihnen Streuobstwiesen, Hecken, Feldgehölze und andere Unterschlupfmöglichkeiten, weil sie sich dort schnell vor Feinden in Sicherheit bringen können. Durch das Anpflanzen heimischer Sträucher, aber auch durch Holz-, Reisig- und Steinhaufen als künstliche Nisthöhlen können wir den Tieren helfen.

Kreuzspinnen erkennst du an dem hellen Kreuz auf dem Hinterleib. Ihr Netz baut die Kreuzspinne in weniger als einer Stunde und produziert dafür mehr als 20 Meter Faden. Kreuzspinnen sind giftig – aber für uns nicht gefährlich: Der Biss einer Kreuzspinne ähnelt einem Mückenstich.

Kreuzspinnen finden immer weniger Lebensräume. Was du tun kannst: Wenn ihr einen Garten habt, lass immer eine natürliche »unaufgeräumte« Ecke stehen – da fühlen Kreuzspinnen sich besonders wohl.

Wie Spinnen weben

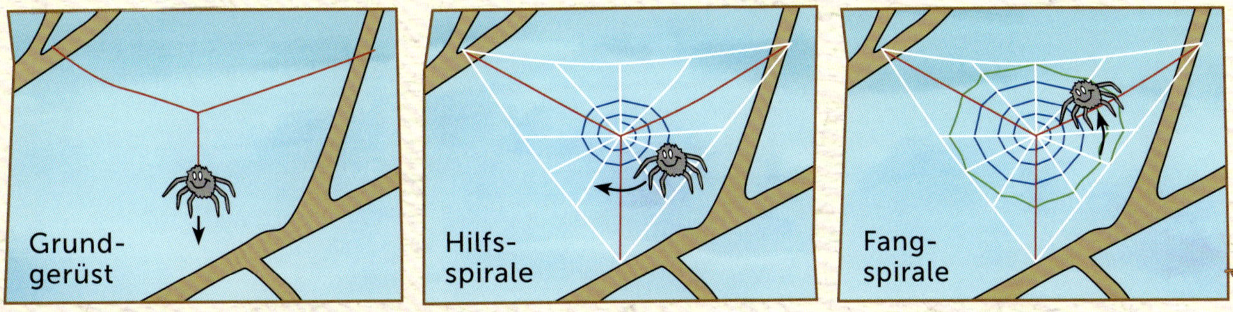

Bienen und Schmetterlinge

Magst du auch so gern Honig aufs Brot wie der kleine Kater Findus? Honig wird aus Nektar gemacht, den Bienen von den Blüten der Pflanzen sammeln. Aber nicht nur Bienen mögen Nektar, sondern auch andere Insekten.

Vom Frühling bis zum Herbst saust und braust die **Biene** mit bis zu zwanzig Stundenkilometern über die Wiesen. Sie landet auf Blüten und saugt mit ihrem Rüssel den Nektar in ihren Magen. Ihr Bauch ist nach etwa zweihundert Blüten voll.

Während die Biene Nektar einsaugt, löst sie gleichzeitig Blütenpollen aus den Staubgefäßen der Blume. Sie bepudert sich damit und schiebt die Pollen in die Pollenkörbchen ihrer Hinterbeine. Wenn die Biene auf der nächsten Blume landet, gelangen die Pollen auf die Narbe der Blüte. Das nennt man Bestäuben. Die Bestäubung sorgt für die Bildung von Samen und Früchten, die wiederum für die Vermehrung der Pflanze nötig sind – das meiste Obst und Gemüse verdanken wir also den Bienen. Die Biene ist deshalb nach Schwein und Rind das drittwichtigste Nutztier.

Was wäre, wenn es keine Bienen mehr gäbe? Kein Honigbrot. Aber auch keins mit Marmelade. Keine Äpfel. Keine Möhren. Und auch ganz viele andere Dinge, die du jeden Tag isst, wären einfach weg.

Immer mehr Bienen sterben, weil unsere Umwelt bedroht ist. Du kannst auf dem Balkon oder im Garten einfach ein kleines Bienenhotel bauen, wenn deine Eltern es erlauben und du mit ihnen nachschaust, wie das genau geht. Dafür brauchst du nur eine Holzkiste und hohle, unterschiedlich große Bambusröhrchen.

Admiral

Zitronenfalter

Schwalbenschwanz

In Wildblumen steckt auch lebenswichtiger Nektar für **Schmetterlinge**. In Deutschland leben etwa 3700 Schmetterlingsarten, die meisten davon sind Nachtfalter. Nur etwa 190 fliegen am Tag.

Kleiner Kohlweißling

Kleiner Fuchs

Großes Ochsenauge

Seit 1990 ist die Hälfte aller Schmetterlinge, die tagsüber fliegen, aus Europa verschwunden. Fast alle Arten stehen auf der Roten Liste – das ist das Verzeichnis aller weltweit gefährdeten und bedrohten Pflanzen- und Tierarten.

Das kannst du für die Insekten tun:

- Wildblumenbeet im Garten oder auf dem Balkon anlegen
- Küchenkräuter blühen lassen
- Weniger Rasen mähen
- Blüten, Stängel, Totholz im Herbst und Winter liegen lassen – das sind tolle Verstecke für Insekten!

Das Baum-Haus

Der alte Pettersson macht gern unter hohen Bäumen mit ausladenden Wurzeln, schattenspendenden Ästen und dicken Zweigen ein Nickerchen – Findus klettert lieber darauf herum. Und wenn du genau hinschaust, wirst du sehen, dass es bei einem Baum noch viel mehr zu sehen gibt als das!

Kleine Ästchen oder ganz glatte Baumstämme: kein Problem für die **Haselmaus**, die überall flink herumklettert. Die Haselmaus hat nämlich wie wir Finger, die sie krümmen kann – auch wenn der Daumen fehlt. Sie ist keine Maus, sondern aus der Familie der Bilche, genau wie der Siebenschläfer. Wie der Name verrät, fressen Haselmäuse am liebsten Haselnüsse.

Der **Baumläufer** läuft ruckartig am Baumstamm hoch und sucht nach winzigen Insekten und Spinnentierchen in der Rinde – das sieht ganz schön lustig aus! Wenn er oben angekommen ist, fliegt er zum nächsten Baum.

Auch Schnecken kriechen Baumstämme hoch. Die **Weinbergschnecke** lebt nicht im Weinberg, sondern gern im Wald. Der lange, weiche Körperteil, mit dem sie kriecht, heißt »Fuß«. Die längeren Fühler haben kleine Augen, mit denen die Schnecke ein bisschen sehen kann. Mit den kurzen Fühlern tastet und riecht sie.

Mithilfe ihres langen Schwanzes können **Eichhörnchen** beim Klettern und Springen das Gleichgewicht halten. Manchmal sieht es sogar so aus, als würden sie zwischen den Ästen und Zweigen hin und her fliegen. Eichhörnchen bauen ihr Nest, das Kobel heißt, hoch oben in den Zweigen.

Eichhörnchen brauchen alte Bäume, denn sie schlafen dort nicht nur und ziehen ihre Jungen auf, sondern fressen auch die Samen und Früchte. Und Bäume brauchen viele Jahre, um diese zu produzieren.

Der **Borkenkäfer** fühlt sich in der Rinde von Bäumen – besonders von Fichten – pudelwohl, wenn es draußen kalt und scheußlich ist. Dort gräbt er Gänge und vermehrt sich, bis das Wetter wieder schöner ist. Das ist für den Baum jedoch gefährlich, weil er seine Nährstoffe nicht mehr von den Wurzeln bis in die Äste verteilen kann. So kann der Winzling ganze Bäume zum Absterben bringen.

Der **Igel** frisst gern Tierchen am Boden wie Regenwürmer, Insekten, Käfer und Asseln. Ein erwachsener Igel hat zwischen 6000 und 8000 Stacheln, mit denen er sich gegen seine Feinde wie Marder oder Fuchs schützt. Igel gehören zu den ältesten Säugetieren der Welt. Ihre Vorfahren lebten schon zu Zeiten der Dinosaurier.

Unter einem Laubhaufen im Garten findet der Igel Nahrung und Unterschlupf im Winter.

Heimische Vögel

Wenn der lange schwedische Winter vorbei ist, der Schnee schmilzt und der Frühling naht, wird Findus morgens von wunderbarem Gezwitscher geweckt: Die Vögel, die die kalte Jahreszeit in warmen Gegenden auf anderen Teilen der Erde verbracht haben, kommen endlich wieder zurück!

Jedes Jahr sind auf der ganzen Welt etwa 50 Milliarden Zugvögel unterwegs, die verschiedene Jahreszeiten an unterschiedlichen Orten verbringen. Fünf Milliarden Vögel fliegen zwischen Europa und Afrika hin und her.

Ein ausgewachsener **Storch** frisst am Tag eine Menge, die etwa 500 Regenwürmern entspricht. Deswegen laufen Störche gern langsam hinter Mähdreschern her, weil sie auf dem Stoppelfeld viel Nahrung aufpicken können.
Im Winterquartier in Afrika hält sich der Storch oft in der Nähe von Buschfeuern auf. Dort sucht er den verbrannten Boden nach Schlangen, Eidechsen und toten Insekten ab.

Was für eine Unordnung! Der **Rotmilan** liebt es, seinen Horst – so nennt man das Nest von Greifvögeln – mit Fundstücken zu verzieren. Neben Tennisbällen, Plastiktüten und Schnüren baut der Vogel auch schon mal ein Kuscheltier mit ein.

Greifvögel sind vor allem durch große Windräder bedroht, weil sie in die Rotoren hineinfliegen. Aber auch die Landwirtschaft macht ihnen das Leben schwer: Von oben können sie trotz ihrer guten Augen in dichten Getreide- oder Rapsfeldern ihre Beute nur schlecht erkennen.

Der **Schreiadler** sucht seine Beute überwiegend zu Fuß und schreitet große Flächen ab. Er hat eine Flügelspannweite von anderthalb Metern und ist damit ein eher kleiner Adler. Er frisst Mäuse und Maulwürfe, aber auch Reptilien. Der Schreiadler zieht nur ein Junges pro Jahr auf, legt aber ein zweites Ei als Reserve – das keine Überlebenschance hat. Vom Schreiadler gibt es bei uns nur noch etwa 100 brütende Paare. Der Vogel ist vom Aussterben bedroht.

Der **Schwarzspecht** hämmert und meißelt und arbeitet ohne Unterlass. Seine Höhlen sind so komfortabel und geräumig, dass sie gern von anderen Tieren als Nachmieter genutzt werden. Damit der Schwarzspecht von dem vielen Gehämmere kein Kopfweh bekommt, hat er im Kopf so etwas wie Stoßdämpfer, die alles abfedern.

Drossel

Rotkehlchen

Gimpel

Eichelhäher

Blaumeise

Star

Zaunkönig

Amsel

Immer mehr Vögel verschwinden auf Wiesen und Feldern. Wir können vieles tun, um sie zu schützen: Vogelhäuschen und Nistkästen bauen, Hecken und Gehölze pflanzen und den Garten an manchen Stellen ein bisschen verwildern lassen.

Vögel immer nur beobachten, sie aber nicht stören und niemals ihre Nester anfassen!

Du brauchst für die Vogelbeobachtung:

- Fernglas
- Notizblock
- Bestimmungsbuch
- Vogelstimmen-CD oder -App zum Vergleichen
- frühes Aufstehen

Im Wald

Pettersson und Findus mögen es, über einen weichen Waldboden zu laufen und dem Rascheln, Knacken und Knarzen der Bäume zuzuhören. Dazwischen mischen sich manchmal, wenn sie gut lauschen, die Geräusche von zahlreichen Waldbewohnern. Begegnungen mit Tieren im Wald sind spannend – mit viel Glück entdeckst du einige von ihnen.

Bäume sind lebenswichtig für Mensch und Tier. Würden wir nicht in die Natur eingreifen, wäre das Land fast komplett von Bäumen bedeckt.

Die **Wildkatze** ist nachtaktiv und sehr scheu, deshalb sehen wir sie nur selten. Du erkennst sie gut an dem buschigen Schwanz mit zwei bis drei dunklen Ringen. Die Wildkatze ist nicht viel größer als unsere Hauskatze, wirkt aber durch ihr dichtes Fell oft kräftiger. Zwischenzeitlich waren die Tiere bei uns fast ausgestorben, aber heute gibt es wieder etwa 6000 Wildkatzen in den Wäldern.

Die größte Hirschart bei uns ist der **Rothirsch**. Er wird bis zu 250 Kilogramm schwer. Mit seinem mächtigen Geweih, das 15 Kilogramm wiegen kann, beeindruckt er die Hirschkühe und misst sich mit Konkurrenten. Wenn ein Rothirsch immer wieder den Kopf hebt und in eine Richtung starrt, dann »sichert« er die Umgebung: Geruch, Gehör und Augen prüfen, ob Gefahr droht.

Auch wenn er mit seinen kurzen Beinchen ein bisschen tollpatschig wirkt: Der **Dachs** kann schnell und wendig sein. Im Wald findet er am Boden Regenwürmer, Käfer und Larven, aber auch sonst mag er alles von Maiskolben bis zu kleinen Reptilien. Wenn der Dachs sich bedroht fühlt, brummt er. Er gehört zur Familie der Marder.

Die **Gottesanbeterin** heißt so, weil sie ihre Vorderbeine oft anwinkelt, als würde sie beten. Ihre Facettenaugen sitzen seitlich am Kopf. Sie mag es in Böschungen am Waldrand, wo sie Spinnen, Fliegen und Wildbienen fängt. Die Gottesanbeterin ist nicht giftig, beißt nicht und ist nicht gefährlich.

Wildschweine gibt es in unseren Wäldern immer mehr: Der borstige Allesfresser ist sehr anpassungsfähig. Die langen und messerscharfen Eckzähne sind für den Keiler – das männliche Schwein – gute Waffen im Kampf gegen Feinde oder Rivalen. Neugeborene Schweinchen heißen Frischlinge. Sie haben ein hell- und dunkelbraun gestreiftes Fell.

Wir brauchen den Wald, weil ...

... er ein Lebensraum für Pflanzen und Tiere ist.
... er Sauerstoff produziert und die Luft reinigt.
... er uns Holz liefert.
... er ganz wichtig für das Klima ist.
... er Wasser speichert und filtert.
... er den Erdboden festhält.
... er Lärm abhält.
... wir uns dort erholen und die Natur erleben.

So schützt du den Wald:

- Achte darauf, wo du auf dem Waldboden hintrittst.
- Nichts abreißen oder pflücken!
- Niemals Müll im Wald lassen.
- Gehe sparsam mit Holz und Papier um.
- Benutze Recyclingpapier.

Bedrohte Tierarten

Überall auf der Welt sammeln Menschen Informationen darüber, welche Tiere und Pflanzen es gibt, welche mehr geworden sind und welche weniger. Wenn man dann sagt, dass ein Tier auf der Roten Liste steht, bedeutet das leider nichts Gutes, denn überall auf der Welt gibt es gefährdete und vom Aussterben bedrohte Tiere. Auf dieser Seite zeigt Findus dir einige von den Tieren, die ganz besonderen Schutz von uns brauchen.

In so einer Roten Liste steckt viel Arbeit. Tiere und Pflanzen müssen gezählt und geschätzt und die Ergebnisse mit alten Listen verglichen werden. Viele Menschen, die sich mit Tier- und Pflanzenarten gut auskennen, helfen dabei. Alle Ergebnisse werden dann von Wissenschaftlern zusammengetragen und beurteilt. Erst danach kann die Listen jeder ansehen und lesen.

Wenn der **Feldhamster** frisst, stopft er sich alles auf einmal rein, um Vorräte anzulegen, und bekommt ganz dicke Backen. Das sieht sehr lustig aus! Aber wenn er Gefahr wittert, stellt er sich auf seine kleinen Hinterbeinchen und faucht seine Feinde an. Seine Zähne sind sehr scharf. Am liebsten lebt er im Kornfeld.

Die moderne Landwirtschaft hat verursacht, dass der Feldhamster keinen Lebensraum mehr findet und es ihn kaum noch gibt.

Bei uns gibt es knapp 600 Seeadler-Paare, die streng geschützt werden, weil der Vogel bei uns fast ausgestorben war.

Der **Seeadler** ist der größte europäische Greifvogel. Er hat eine Flügelspannweite von bis zu 2,60 Metern, wiegt bis zu 600 Kilogramm und kann 40 Jahre alt werden. Erst nach fünf Jahren bekommt ein Seeadler das braune Gefieder. Seinen Horst baut er in hohen alten Bäumen oder Felsen. Der Seeadler ernährt sich von Fischen und Wasservögeln, aber auch von Aas.

Die Europäische Sumpfschildkröte gehört bei uns zu den am stärksten gefährdeten Tieren und ist vom Aussterben bedroht.

Die einzige bei uns lebende Schildkrötenart ist die Europäische **Sumpfschildkröte**. An Ufern von Teichen und Seen lässt sie sich gern die Sonne auf ihren bis zu 100 Jahre alten Panzer scheinen. Weil sie nur unter Wasser schluckt, frisst sie auch nur dort: Auf ihrem Speiseplan stehen Schnecken, Würmer, Kaulquappen und Aas.

Nerze bewohnen Uferdickichte an Flüssen und Seen und bleiben eigentlich immer dicht am Wasser. Sie können sehr gut schwimmen und tauchen. Dabei helfen ihnen ihre Schwimmhäute zwischen den Zehen. Mit seinem aus Amerika eingewanderten größeren Bruder, dem Mink, verträgt der Nerz sich gar nicht: Er wird von Minken gezielt angegriffen.

Lange Zeit wurde der Europäische Nerz wegen seines weichen Fells gejagt. Außerdem wurden Feuchtgebiete trockengelegt. Dadurch war der Nerz bei uns in der Natur ausgestorben. Doch Tierschützer haben es geschafft, dass etwa 1000 Nerze in Europa wieder in freier Wildbahn leben.

Oft schauen von ihm nur Augen, Ohren und Nase ein bisschen aus dem Wasser heraus: Der restliche Körper des **Fischotters** befindet sich unter der Wasseroberfläche. Er ist ein sehr guter Schwimmer, der nach Fischen und Krebsen jagt. Sein dichtes Fell schützt ihn vor der Kälte im Wasser, denn im Gegensatz zu Robben oder Walen hat er keine Fettschicht. Der Fischotter ist gern allein und hat nur zur Paarungszeit Lust auf Gesellschaft.

Wegen seines kostbaren Pelzes und weil er auch an Fischteichen jagt, wurde der Fischotter vom Menschen fast ausgerottet.

Im Moor

Der Boden wackelt und wabert irgendwie hin und her, bei jedem Schritt macht es schlürfende und schmatzende Geräusche, es riecht ein bisschen faulig und ist oft nebelig – für Findus ist das Moor total spannend, weil es etwas unheimlich ist, aber auch, weil es hier viele seltene Tiere und Pflanzen zu entdecken gibt.

Ein Moor ist eine Landschaft, deren Boden ständig nass ist und wo das Regenwasser nicht versickert. Der Boden besteht nicht aus Erde, sondern aus abgestorbenen und zusammengepressten Pflanzenteilen. Darunter ist Schlamm. Das, was von den Pflanzen übrig bleibt, heißt Torf. Und der wird nach und nach immer mehr. Deshalb wächst das Moor in die Höhe.

Im Moor gibt es kaum Nährstoffe, aber einige Pflanzen und Tiere haben sich etwas anderes überlegt, um hier zu überleben. Der **Sonnentau** ist eine fleischfressende Pflanze. Er sondert eine Art Klebstoff ab, den er auf seinen Blättern verteilt. Der Kleber funkelt und glitzert im Sonnenlicht und zieht so Insekten an. Und wenn die Fliege auf dem Blatt landet, klebt sie fest – und kann nicht mehr weg...

Der Große **Moorbläuling** ist ein ganz seltener Schmetterling, der sich im Moor besonders wohlfühlt. Seine Raupen leben in Ameisennestern, wo sie auch überwintern. Der Moorbläuling ist vom Aussterben bedroht.

Die Moorschnucke gehört zu den gefährdeten Haustierrassen – die gibt es nämlich auch. Von Schnucken werden immer mehr andere Rassen gezüchtet und der Lebensraum im Moor wird kleiner.

Die **Moorschnucke** ist eine Schafrasse ohne Hörner und mit heller Wolle. Sie frisst alles an Pflanzen, was sie auf dem Boden im Moor finden kann – und wenn sie dabei in ein morastiges Loch hineinfällt, schafft sie es, sich selbst zu befreien.

Die **Mooreidechse** ist ganz besonders, denn sie legt keine Eier wie andere Eidechsen, sondern bringt ihre kleinen Babys lebendig zur Welt. Weil die Eier im Bauch aber Wärme brauchen und die Sonne im Moor selten scheint, läuft die Mooreidechse ihr einfach hinterher, legt sich auf den Rücken und lässt sich den Bauch so oft wie möglich von den Sonnenstrahlen wärmen.

Die **Große Goldschrecke** ist eine Heuschrecke. Der Körper des Weibchens schimmert im Licht leicht goldfarben, die Männchen sehen metallisch grün aus. Um ihre Eier abzulegen, kann das Weibchen ihr Hinterteil wie ein Teleskop »ausfahren« und versenkt es in morsches Holz oder die Stängel von Sträuchern, um dort die Eier abzulegen.

Im Moor gibt es sumpfige Löcher und Untiefen. Deshalb solltest du ein Moor niemals allein betreten!

Fuchs und Wolf

Bei Pettersson auf dem Hof ist der Fuchs kein gern gesehener Gast: Immer wieder hat er es auf Petterssons Hühner abgesehen. Da hilft auch keine mit Pfeffer gefüllte Hühner-Attrappe auf dem Hof – für die ist der Fuchs einfach zu schlau. Wenn allerdings Wölfe in das Revier des Fuchses kommen, ist ziemlich schnell klar, wer hier das Sagen hat ...

In unseren Wäldern und Feldern lebt der **Rotfuchs** mit rotbraunem Fell. Mit seinen spitzen Ohren hört er vierhundert Mal besser als Menschen. Obwohl der Fuchs mit seinem buschigen Schwanz und dichten Fell groß wirkt, ist er sehr schlank und wiegt nur bis zu sechs Kilo. Er frisst kleine Tierchen, aber auch Früchte, Beeren, Vogeleier und alles, was er noch so findet. Die Feinde des Fuchses sind Uhus, Luchse und – Wölfe.

Der Fuchs gräbt seinen Bau nicht immer selbst, sondern zieht auch gern mal in einen Dachs- oder Kaninchenbau, den er einfach weiter ausbaut, mit ein. Dass die Wildtiere dann gemeinsam unter einem Dach leben, heißt »Burgfrieden«. Praktisch, oder?

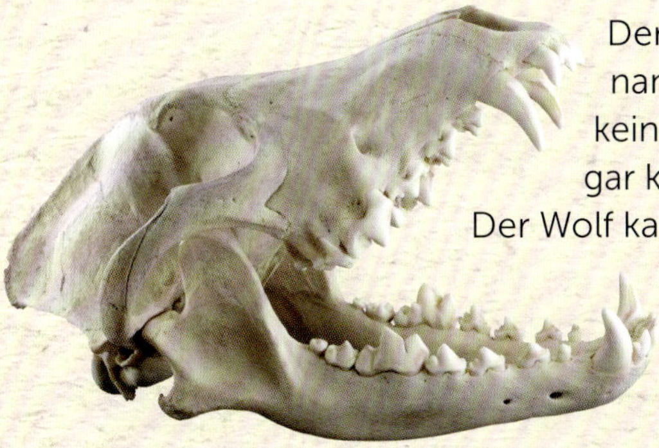

Der **Wolf** steht an der Spitze der sogenannten Nahrungskette – das heißt, er hat keine natürlichen Feinde. Lange Zeit gab es gar keine frei lebenden Wölfe mehr bei uns. Der Wolf kann Beute bis zu einer Entfernung von zwei Kilometern riechen. Wölfe sind Familientiere und leben im Rudel. Die Eltern der Jungtiere bleiben meist ein Leben lang zusammen.

Wölfe können bis zu 11 Kilogramm Fleisch am Tag fressen – aber notfalls auch zwei Wochen hungern. Kleinere Tiere fressen sie ganz, von Wildschweinen, Hirschen, Elchen oder Rentieren lassen sie oft etwas übrig, das von anderen Tieren gefressen wird. Wenn sich der Wolf in einem neuen Gebiet niederlässt, haben die Füchse also auch etwas davon. Gleichzeitig steigt aber die Gefahr, dass sie von einem Wolf getötet werden.

Einem Wolf in der Natur zu begegnen, ist sehr unwahrscheinlich und wird vermutlich niemals passieren. Solltest du dennoch einen Wolf entdecken, geh langsam rückwärts und mach viele Geräusche. Am besten brüllst du den Wolf an. Sollte er dir folgen, mach dich groß und gefährlich und reiße deine Arme hoch.

Vergiftungen, unerlaubte Jagd und vor allem der Straßenverkehr führen dazu, dass der Wolf bedroht ist. Ohne Schutz könnte er wieder aussterben. Bei Pettersson und Findus in Schweden hilft oft ein grüner Streifen zwischen Wald und Straße dabei, dass Tiere schneller erkannt werden und die Menschen rechtzeitig langsamer fahren.

Luchs und Vielfraß

Findus ist manchmal ein kleiner Vielfraß – vor allem, wenn Pettersson ihm seine geliebte Pfannkuchentorte zubereitet. Im Norden Europas gibt es ein Tier mit dem gleichen Namen. Das heißt aber gar nicht so, weil es immer so viel frisst …

Woher der Name **Vielfraß** kommt, weiß man nicht genau, er könnte aber vom norwegischen Wort »Fjellfräs« abstammen, was Gebirgskatze heißt. Wahnsinnig viel frisst der Vielfraß nicht, aber: Die Männchen können bis zu 32 Kilogramm schwer werden und schaffen es, Rentiere und Elche zu reißen. Das kommt aber nicht oft vor, lieber schlägt sich der Vielfraß den Bauch mit kleineren Tieren und Aas voll.

Um seine Wohnhöhle herum hortet und sammelt der Vielfraß wie verrückt alles Mögliche an Fressbarem an – und verteidigt es notfalls auch gegen Bären. Vielleicht kommt sein Name doch auch daher?

In Skandinavien gibt es nur noch wenige hundert Tiere vom Vielfraß. Die meisten davon leben in Lappland. Sie sind streng geschützt und dürfen nicht gejagt werden.

Bestimmt hast du schon mal **Tierspuren** im Schnee entdeckt und dich gefragt, von welchem Tier sie sind. Hier siehst du verschiedene Fährten. Entdeckst du die von Findus?

Die größte Raubkatze Europas ist ein Einzelgänger und lebt in großen Waldgebieten. Am liebsten frisst der Luchs Rehe und kann bei der Jagd auf die Tiere bis zu 70 Stundenkilometer schnell laufen! Sehr gut erkennst du den Luchs an den Haarpinseln in den Ohren und seinem Backenbart. Er kann fantastisch hören: Eine kleine Maus spürt er aus fünfzig Metern Entfernung auf.

Luchse waren bei uns fast ausgestorben, weil sie immer von Menschen verfolgt worden sind. Jetzt wissen wir, dass Luchse geschützt werden müssen, sodass immer mehr von ihnen »ausgewildert« werden. Das bedeutet, dass Tiere, die in Gefangenschaft gelebt haben, langsam wieder an das Leben in freier Wildbahn gewöhnt werden.

Bei uns gibt es für Luchse und andere Wildtiere immer mehr »Wildtierkorridore«. Das sind grüne Brücken oder Unterführungen, die den Tieren helfen, die Straßen zu überqueren, ohne dabei von Autos überfahren zu werden.

Tiere der Nacht

Wenn Pettersson nachts in seinem Bett liegt und vor sich hin schnarcht, während Findus von einer riesigen Pfannkuchentorte träumt, sind draußen viele Tiere unterwegs, die man tagsüber nicht zu Gesicht bekommt. Sie suchen Nahrung, paaren sich und bringen Junge auf die Welt – und das alles in einer Umgebung, in der es nur wenig Licht gibt.

Die **Große Winkelspinne** hat fast jeder schon mal bei sich im Schuppen, im Haus oder im Keller entdeckt. Tagsüber hockt sie reglos in der Ecke. Ihre Beine erreichen eine Spannweite von bis zu zehn Zentimetern. Im Herbst kommt sie besonders gern rein, weil es ihr dann draußen zu kalt wird. Ihre Beute sind Insekten und Asseln.

Fledermäuse sehen mit den Ohren, fliegen mit den Händen und schlafen mit dem Kopf nach unten. Sie senden zur Ortung von Beute und zum Gespräch mit anderen Fledermäusen Töne aus, die wir nicht hören können. Diese Schallwellen prallen auf den Körper der Beute, verändern sich dabei und wandern zurück ins Fledermausohr. Durch dieses Echo weiß die Fledermaus, wo die Beute ist und wie groß sie ist. Eine Fledermaus frisst pro Nacht mehrere tausend Insekten. Zum Fliegen hat sie eine Flughaut zwischen den Fingern, die sich bis zum Hals und zum Schwanz spannt.

Übrigens: Fledermäuse saugen von uns kein Blut.

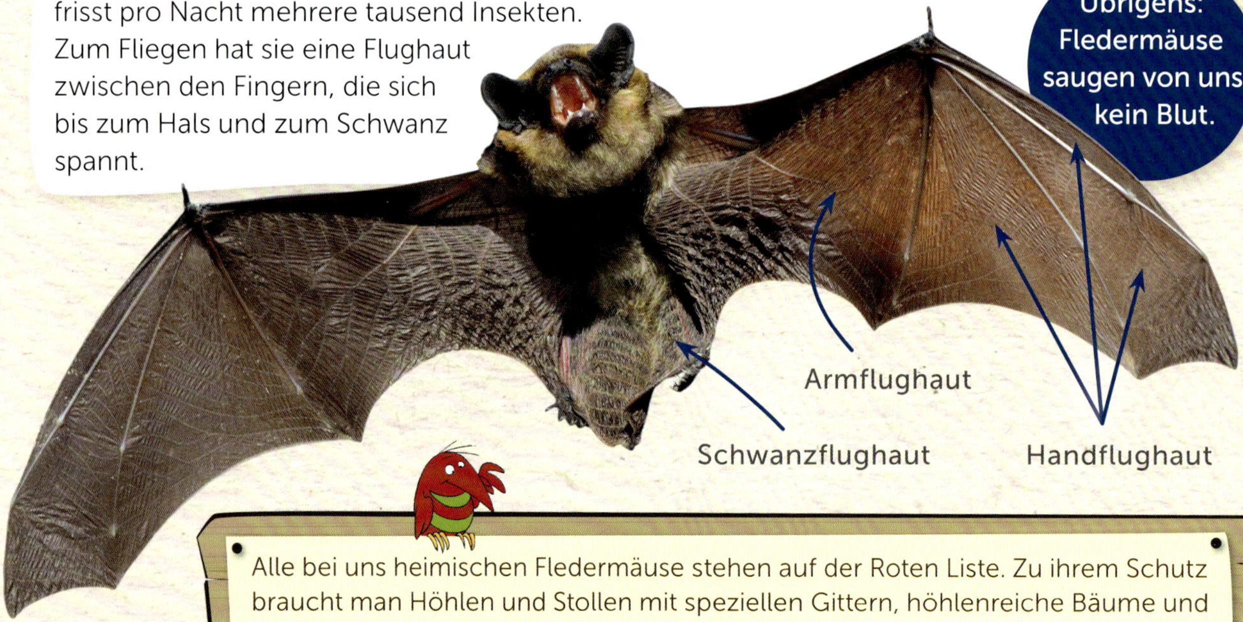

Alle bei uns heimischen Fledermäuse stehen auf der Roten Liste. Zu ihrem Schutz braucht man Höhlen und Stollen mit speziellen Gittern, höhlenreiche Bäume und Fledermauskästen, da sie ihren natürlichen Lebensraum immer mehr verlieren.

Glühwürmchen sind Leuchtkäfer. Tagsüber sieht man sie kaum, aber nachts beginnen sie zu strahlen. Das Licht entsteht aus Energie, die der kleine Käfer in seinem Innern erzeugt. Die Weibchen brauchen dieses Licht, weil sie nicht fliegen können: Sie leuchten am Boden mit ihrem Hinterteil wie Minilaternen, bis ihr Liebster sie entdeckt.

Seinen Ruf erkennst du sofort: Der Gesang vom **Waldkauz** ist unverkennbar – und auch ein kleines bisschen unheimlich. Seine Augen sind unbeweglich, aber dafür kann er seinen Kopf fast einmal komplett herumdrehen! Dafür hat er 14 Halswirbel. Wir haben nur sieben. Der Waldkauz kann fast lautlos fliegen und erbeutet Eichhörnchen, Kaninchen, Vögel, Frösche und Fledermäuse.

Das Gesicht der **Schleiereule** hat die Form eines Herzens. Mit ihrem Gesichtsschleier kann sie richtige Grimassen schneiden! Sie kann bis zu 22 Jahre alt werden und ernährt sich von kleinen Nagetieren. Ihre Feinde sind Raubtiere, aber auch andere Eulen.

Bei uns sind vor allem viele kleine Tiere nachtaktiv, weil sie den Schutz der Dunkelheit vor ihren Fressfeinden nutzen.

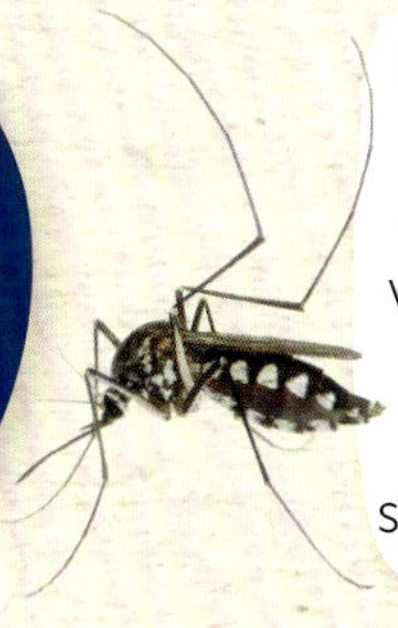

Mücken werden vom Licht angezogen? Das stimmt so gar nicht! Sie kommen vor allem abends und nachts ins Haus, weil sie nachtaktiv sind. Tagsüber verstecken sie sich gern in feuchten und warmen Ecken. Auch wenn sie uns oft den Schlaf rauben und ihre Stiche jucken – Mücken sind wichtig, denn sie sind leckeres Futter für sehr viele andere Tiere.

Bildquellen

Illustrationen:

© 2020 Edel Germany GmbH, Happy Life Animation AB, A. Film A/S, All rights reserved. Lizenz durch Edel Germany GmbH, Hamburg. www.edel.com

Fotos:

© Shutterstock.com:
Seite 4: Eric Isselee (Maulwurf), Seite 6: canadastock (Salzwiese), Seite 7: Anna Sedneva (Edelweiß), canadastock (Bergwiese), revenaif (Tagpfauenauge), Juergen Faelchle (Blumenwiese), WildlifeWorld (Steinkauz), J. Marijs (Streuobstwiese), Seite 8: Eric Isselee (Siebenschläfer), Seite 9: Stephan Morris (Mauswiesel), Eric Isselee (Spinne), Seite 10: Alexandr K (Blume), Daniel Prudek (Biene), Seite 11: I. Rottlaender (Bienenhotel), Vitalii Hulai (Zitronenfalter), Filip Fuxa (Schwalbenschwanz), alslutsky (Großes Ochsenauge), Peter Waters (Kleiner Kohlweißling), Seite 12: clarst5 (Haselmaus), Seite 13: Giedriius (Eichhörnchen), Tomasz Klejdysz (Borkenkäfer), Elena Sherengovskaya (Igel), Seite 15: Simon Tang (Schreiadler), Rosa Jay (Schwarzspecht), clarst5 (Rotkehlchen, Gimpel und Eichelhäher), YK (Blaumeise), serkan mutan (Star), WildlifeWorld (Zaunkönig), cmnaumann (Amsel), Seite 16: MH STOCK (Wildkatze), Seite 17: Martin Mecnarowski (Dachs), Eric Isselee (Gottesanbeterin), Randy van Domselaar (Wildschweine), Seite 17: Eric Isselee (Feldhamster), Sergey Uryadnikov (Seeadler), Seite 19: Eric Isselee (Schildkröte und Fischotter), Martin Mecnarowski (Nerz), Seite 20: Henrik Larsson (Sonnentau), irin-k (Fliege), Lusine (Moorbläuling), Seite 21: Alessandro28 (Moorschnucke), Anastasia Bulanova (Mooreidechse), Eileen Kumpf (Große Goldschrecke), Seite 22: Eric Isselee (Fuchs), Seite 23: Satirus (Skelett), Vlada Cech (Wolf), Seite 24: (Vielfraß), Milan Rybar (Luchs), Seite 26: Rudmer Zwerver (Spinne), Seite 27: Fer Gregory (Glühwürmchen), Philippe Clement (Waldkauz), Eric Isselee (Schleiereule), khlungcenter (Mücke)

© iStock.com:
Seite 5: HildaWeges (Schwebefliege), KirsanovV (Heuschrecke), Pakhnyushchyy (Ringelnatter), Seite 6: kojihirano (Seeschwalbe), Seite 11: SamRyley (Admiral und Kleiner Fuchs), AleksandarDickov (Weinbergschnecke), Seite 14: GlobalP (Storch), TonyBaggett (Rotmilan), Seite 15: bazilfoto (Drossel), Seite 16: GlobalP (Rothirsch), 24: Roberto Barilani (Vielfraß), Seite 26: KirsanovV (Fledermaus)

© pixabay.com:
Seite 12: Kathy2408 (Baumläufer)

Impressum

Die in diesem Buch enthaltenen Angaben sind mit größter Sorgfalt zusammengestellt und geprüft worden. Eine Garantie für die Richtigkeit der Angaben kann aber nicht gegeben werden.

Edel Kids Books
Ein Verlag der Edel Germany GmbH

Neumühlen 17, 22763 Hamburg
www.edel.com
1. Auflage 2020

Mit freundlicher Genehmigung von Sven Nordqvist

Projektkoordination, Text und Lektorat:
Steffi Korda, Büro für Kinder- & Erwachsenenliteratur, Hamburg
Layout und Umschlaggestaltung:
Antje Warnecke, nordendesign.de
Druck und Bindung:
optimal media GmbH, Glienholzweg 7, 17207 Röbel / Müritz

Printed in Germany

ISBN 978-3-96129-168-7